27

In 1353.

AF321434

1566

SAINTE-ODILE,

LÉGENDE ALSACIENNE DU VIIIe SIÈCLE,

PAR

M. DELCASSO,

RECTEUR DE L'ACADÉMIE DE STRASBOURG.

DEPOT LEGAL
Bas-Rhin
N.º 347
1859

A cette époque de l'année, où la joie inspirée à tous par le printemps et par nos victoires invite les amis des montagnes à en visiter les plus beaux sites, où des fêtes solennelles attirent les populations vers de saints lieux glorifiés par une piété traditionnelle, nous croyons opportun d'appeler l'attention sur une nouvelle édition d'un poëme de M. Delcasso, intitulé *Sainte Odile, légende alsacienne du* VIIIe *siècle.*

C'est, à plus d'un titre, une œuvre excellente. Les appréciateurs délicats de ce qui est sensé avec grâce, correct avec élégance, et poétique sans écarts d'imagination fébrile, seront tout d'abord heureux de retrouver ici tant de mérites aussi brillants que solides. Mais on remarquera, on applaudira surtout dans le poëme que nous annonçons, à côté d'un art

27
In 15353

1859

1

exquis, et la direction littéraire et la pensée d'un homme de talent, associé de cœur aux principes d'ordre et aux actes réparateurs, qui sont la gloire du temps présent comme l'espérance de l'avenir.

Qui le croirait? La plupart de nos poètes contemporains n'ont ni boussole ni étoile. Les uns voudraient nous promener éternellement avec eux dans les petites curiosités de leur monde personnel; les autres errent, comme des âmes en peine, dans tout l'univers, faute de savoir à quoi se prendre. Il en est que captivent encore les vieilles coquetteries de la mythologie grecque; on en voit qui poursuivent le nouveau sur les traces des Walkyries à travers les bruyères du Nord; je ne connais rien de plus pauvre que les vers sur la Californie; de plus révolté contre le bon goût, que la poésie montée en croupe sur le cheval d'un cipaye.

Et cependant la vraie source de notre poésie nationale, la source intarissable, celle où nos plus beaux génies français anciens et modernes ont puisé leur enthousiasme, le christianisme est toujours là avec ses bienfaits sans nombre pour le présent, avec ses espérances infinies pour les temps futurs, avec le cortége vénéré des traditions les plus saintes. Quand donc nos théoriciens en littérature nous enseigneront-ils que l'inspiration du poète, pour être réelle et profonde, doit s'exhaler du sol où nous sommes nés, rayonner dans l'air que nos aïeux ont respiré, se cramponner aux dernières pierres des monuments qu'ils ont construits, aux fortes croyances qui ont soutenu et ennobli leurs âmes?

Naguère est mort en France un jeune et noble poète (1); et mille regrets ont éclaté aussitôt autour de sa tombe; et son nom sera couronné à jamais d'une gloire modeste, mais calme et pure. Qu'avait-il donc fait? Naïf comme un enfant et plein de respect pour la foi populaire, il avait simplement aimé et chanté sa Normandie et ses antiques légendes. Eh! quoi? notre Alsace est-elle une moins poétique contrée que la Normandie? L'Alsace! Et ses monts azurés ou nuageux, ses forêts immenses et mystérieuses, ses moutiers à ogives, ses châteaux flanqués de tours, son noble Rhin, et les cent torrents qui l'enrichissent et les plaines fécondes qu'ils arrosent de leurs eaux devenues moins bruyantes: l'Alsace! et ses populations intelligentes et rêveuses, agricoles et amies des beaux-arts, paisibles et guerrières: l'Alsace! et les mille souvenirs héroïques ou pieux attachés au calvaire du plus humble de ses hameaux, à tous les rochers de ses montagnes, à toutes les sources de ses collines, à tous les monuments qui se dressent au-dessus de ses prairies, de

(1) Brizeux.

ses moissons et de ses vignobles, et surtout à cette merveille de piété et d'architecture, à ce *Münster* de Strasbourg qui élève plus haut qu'aucun autre vers le ciel *son sacré sommet.*

O jeunes gens, ô jeunes poètes, pourquoi aller au loin vous égarer dans le vague et dans le vide, ou dormir chez Cirée et plus souvent vous briser la tête en tombant du faîte de son palais, tandis que la muse chrétienne vous sourit au foyer de vos pères ; tandis que chez vous Béatrix vous appelle et vous attend ?

Le premier éloge à décerner à M. Delcasso pour son poëme de Ste-Odile, c'est d'avoir écouté et entendu cette voix de Béatrix ; c'est de nous en redire plus d'une note harmonieuse.

Rien de plus intéressant à coup sûr que le sujet. Le site de Ste-Odile éveille toutes les sortes de poésie. Avant qu'il fût illustré par les merveilles de la piété chrétienne, les Celtes-Gaulois lui avaient demandé un refuge contre les horreurs de la guerre ; les Romains y avaient fait monter leurs légions par une route à larges dalles qui étonnent encore nos regards, et s'y étaient fortifiés ; les Vandales en avaient chassé les maîtres du monde ; les Druides y dérobaient au vulgaire les terribles secrets de leur sombre culte. C'était et c'est encore un des plus beaux temples de l'univers.

Figurez-vous sous la pleine voûte du ciel, une vaste plate-forme soutenue par les assises de roches abruptes qui s'avancent en promontoire déchiqueté au-dessus de l'Alsace et de la vallée du Rhin. Cette plate-forme est reliée au Nord et au Midi, par des terrains accidentés, à d'autres plates-formes moins considérables, mais crénelées aussi et découpées à leur base en longs escarpements.

De ces divers observatoires, la vue plonge sur le cours majestueux du Rhin, sur la chaîne des montagnes de la Forêt-Noire, et va se perdre à gauche vers les dômes de Worms et de Spire, à droite vers les splendides glaciers de l'Helvétie. A l'Ouest, le sol tourmenté se déprime et se développe inégalement toujours couvert de profonds et presque impénétrables forêts. Or, c'est là qu'au 8e siècle de notre ère, la fille d'un duc d'Alsace éleva un monastère dont les ruines nouvellement restaurées viennent d'être rendues à la foi des populations (1) ; c'est vers cette sainte montagne que le voyageur qui revient de l'Italie désormais affranchie et descend des Alpes émues du bruit de nos exploits, après avoir admiré les prodiges de la valeur, de l'art et de la nature, porte encore ses regards, en traversant la pittoresque Alsace, en énumérant les nombreux

______

(1) Par Mgr A. Ræss, Evêque de Strasbourg.

monuments qui en couronnent les monts, et s'écrie du wagon qui l'emporte : « Voilà Ste-Odile ! »

Dans son œuvre, M. Delcasso est plein de goût et de sobriété. Un prologue remarquable par la dignité du ton épique retrace en quelques vers l'état de la contrée au temps où fut fondé le cloître de Sainte-Odile.

Ce début éveille én nous le désir d'en connaître l'histoire complète ; mais le poëte ne songe nullement à nous la donner, à en dérouler devant nos yeux les curieuses annales ; il y touche à peine dans un épilogue, court et brillant résumé des fortunes diverses du monastère (1). Il n'énumère pas les pertes que lui ont infligées des gérants infidèles ; les biens qui lui ont été ravis à la suite de traités imposés par la violence ; les pillages, les ravages, les démolitions qu'entraînèrent, à diverses époques, des invasions de maraudeurs indigènes, de guerroyeurs lorrains, de Bourguignons, de Huns, de Suédois et de révolutionnaires de toute sorte ; il laisse de côté les nombreux incendies qui dévorèrent plusieurs des édifices de Ste-Odile ; incendies allumés, les uns accidentellement, les autres par la

(1) Voir le *Guide du pèlerin au mont Ste-Odile*, par M. Schir, vicaire-général ; ouvrage aussi remarquable par la clarté et la simplicité que par une loyale et sobre érudition.

torche clandestine des brigands, par la brutalité d'une soldatesque barbare; les autres par le contact des forêts voisines soudainement embrasées, ou par le feu du ciel.

Il ne passe pas non plus en revue la série des rois, des princes, des nobles, des grands, des riches, des gens du peuple, des évêques, et surtout des évêques de Strasbourg, qui, de siècle en siècle, plus dévoués, plus généreux, plus ardents, à mesure que les catastrophes se multipliaient, ont défendu et sauvé l'œuvre de la foi. Il ne compte pas tous les éléments de la prospérité matérielle du couvent, prospérité qui retombait sans cesse en rosée d'hospitalité, de charité et de bienfaisance, sur de nombreux visiteurs, sur les malades et les malheureux de la plaine.

Il ne touche pas du doigt à cette société aristocratique de religieuses qui fréquentaient les familles nobles et princières des castels voisins ; religieuses qui parlaient le latin un peu mieux que nous aujourd'hui l'anglais, et tournaient plus élégamment un vers que les bacheliers du XIXe siècle.

Il ne dit rien des fêtes qui animaient la contrée, surtout au printemps, lorsque les fidèles de vingt villages montaient au monastère, bannière en tête, à travers une série de parterres en gradin, peuplés de violettes, de renoncules, d'anémones et de cardamines, au bruit des hymnes sacrés.

M. Delcasso a fait sagement de suivre le précepte:
«Qui ne sait se borner, ne sut jamais écrire.»

Il nous a donné ainsi une œuvre nette et bien finie, pleine de charmes , dans laquelle il a décrit uniquement , simplement , la légende célèbre de sainte Odile. Cette légende, élégamment et richement encadrée entre le prologue et l'épilogue, nous présente comme une série de fleurs poétiques dont l'ensemble fait couronne.

C'est d'abord l'extase de saint Erhard que la voix d'un ange conduit au cloître où il doit baptiser sainte Odile. C'est ensuite le récit touchant des causes qui ont amené dans ce cloître, à Baume-les-Nonains, la vierge aveugle, pauvre enfant repoussé par l'orgueil d'un père ambitieux. Bientôt nous sommes attendris et émerveillés en assistant à la cérémonie du baptême qui ouvre le cœur de la jeune infortunée à la foi et ses yeux à la lumière du ciel. L'apparition du céleste époux nous initie aux destinées de cette vie qui sera toute entière consacrée au Seigneur. En vain de formidables obstacles se dresseront devant sainte Odile. Ni les douceurs de la famille, ni les attraits d'un noble fiancé, ni le titre d'épouse d'un prince germain, ne la détourneront de la résolution la plus pieuse et la plus reconnaissante; elle prendra la fuite plutôt que de céder à des ordres tyranniques, et son père irrité ne l'atteindra que pour s'arrêter devant le miracle opéré par la main divine, protectrice de la piété et de l'innocence. Dès lors le père de l'élue de Dieu s'adoucit et se convertit ; il fonde pour sa fille le monastère, dont les ruines vénérées attirent encore aujourd'hui la foule après tant de siècles.

Telles sont les phases diverses que présente la légende de S^{te} -Odile reproduite dans l'heureux poëme de M. Delcasso ; il en est d'autres qu'il a négligées à dessein ; il a fait un choix et a bien fait ; dans un champ de fleurs tout n'est pas rose ; dans les senteurs qu'elles exhalent tout n'est pas parfum.

Je me garderai bien de faire des citations, de détacher un seul vers de cette œuvre de fine poésie ; il importe d'en apprécier toutes les beautés dans le cadre complet où elles s'embellissent de mutuels reflets. Je ne puis non plus insister sur l'art infini qu'elle révèle, sur l'extrême facilité, et en même temps les efforts consciencieux nécessaires pour arriver à cette harmonie musicale, à cette souplesse de formes multiples, à cette variété de tons, de rhythmes et de couleurs. Ce qu'il faut dire, c'est pourquoi peu de lectures sont à la fois aussi attrayantes, aussi fortifiantes pour l'âme.

Celle-ci ne charme pas seulement l'imagination par les traits de la poésie ; la raison, par les souvenirs de l'histoire ; le goût, par la délicatesse de l'art ; elle fait mieux : elle entretient la foi dans les cœurs qui ont le bonheur de la posséder ; à ceux qui ne la possèdent pas, elle inspire de salutaires regrets, et à coup sûr, un sentiment de respect pour les croyances ; elle augmente cet esprit de tradition qui est aussi l'esprit de conservation et d'ordre, et se confond avec l'amour du sol, avec l'esprit national ; enfin, elle fait naître ou développe en nous les sentiments élevés, désintéressés ; ces sentiments qui dictaient à sainte Odile elle-même les paroles qu'elle adressait jadis à ses compagnes de piété et de charité :

«Considérez, mes sœurs, les villes et bourgades «éparses par la plaine de l'Alsace........, au-dessus «d'elles, ce rocher, notre habitation moderne, «nous élève et nous rend supérieures au reste du «monde. Mais ce n'est assez, traçons-nous la voie à «la céleste montagne, où ni les cuisants rayons du «soleil, ni les âpres aiguillons de la bise, ni les «pluies importunes, ni les *froidureux* hivers n'of-«fensent et ne troublent le printemps délicieux qui «dure éternellement...... (1)»

Les nombreux visiteurs de Ste-Odile devront donc au poëme de M. Delcasso de nouvelles et

(1) Extrait des saintes antiquités de la Vosge, par Jean Ruyr, chanoine de l'église insigne de St-Diey.

pures jouissances ; il les préparera à cette excursion ; il les y accompagnera utilement ; il en nourrira le doux souvenir ; il en mettra en relief les beautés morales, peut-être trop oubliées pour les autres.

Sans doute le site de Ste-Odile est riche d'une poésie perpétuelle. La vue est immense du haut de ce promontoire qui semble dominer une mer sans rivages. Ils sont admirablement variés ces prolongements, ces anneaux de la chaîne des Vosges, au Nord et au Midi, tantôt arrondis , tantôt aplatis, tantôt découpés et hérissés, tantôt unis et accessibles. Vers l'Ouest, elles inspirent une horreur sacrée , ces profondes sapinières dont les arbres gigantesques s'élèvent souvent du milieu des castels déserts et croulants. En regardant à l'Est, j'aime à contempler longtemps les larges rubans argentés du Rhin, qui paraît quelquefois se perdre dans l'azur du firmament ; j'aime aussi la petite source qui jaillit au bas de la montagne, au milieu des myosotis : ici le gracieux est souvent voisin du sublime. Quel spectacle, le matin, que le splendide lever d'un soleil d'été, et, le soir, que le lent déploiement des ombres incommensurables ! La nuit, quel observatoire vers les temples radieux du ciel serein ! Quelle merveille, lorsque des bataillons de nuages électrisés se concentrent et se heurtent tout à coup entre la Forêt-Noire et les Vosges, d'entendre, sous un soleil ardent, la foudre gronder à ses pieds ! Quelle scène théâtrale, en automne, par un calme plat, que la soudaine invasion d'une brume épaisse qui couvre un moment toute l'Alsace, puis se déchire par intervalles, en laissant découvrir, sous le souffle de l'aquilon, les blanches maisons d'un village ou d'une ville, et reprend bientôt son niveau monotone, au-dessus duquel brillent les flèches de cent clochers, comme les idées divines au-dessus des erreurs ténébreuses de la vie ! Pour le voyageur fatigué de l'ascension, et qui se repose sur les molles pelouses de la montagne, n'est-elle pas indéfinissable la douceur d'un zéphyr rafraîchissant ? Et, quelle harmonie que celle des vents déchaînés à travers les massifs des vieux pins qui se courbent en gémissant, et quelquefois éclatent et tombent avec fracas ; harmonie terrible et sauvage, pareille à celle que soulèvent les plus solennelles fureurs de l'Océan !

Mais cette poésie incontestable n'est pas la seule, n'est pas la plus noble ; elle affecte trop les sens ; elle est fille d'un naturalisme vulgaire. Ce qu'il importe de comprendre et de sentir sur le mont Ste-Odile, c'est une poésie supérieure, spiritualiste ; c'est la poésie de l'art, de la science et du christianisme associés.

Oui, il y a un mont Ste-Odile des artistes. L'architecture n'a pas fait défaut à la construction de ce monastère. Des tableaux, des statues, en ont orné les murs, les chapelles, les enceintes diverses ; une musique grave, des chants pieux ont retenti sous ses voûtes et sur l'esplanade qu'il surmonte, et sur tous les chemins à tous les étages du mont sacré. Et là-haut plus d'un cœur longtemps païen, grossier et intraitable s'est adouci sous la double et douce influence de la religion et des arts.

Oui, on respire sur le mont Ste-Odile avec un air plus vif et plus pur qui dilate les poumons, le souffle d'une poésie savante et noble, qui exalte et ennoblit l'âme. Ces pierres druidiques, cette triple enceinte du mur païen, d'où plus d'un érudit n'a jamais pu sortir ; ces fortifications romaines, ces ruines de castels féodaux, sentinelles rangées autour du sanctuaire de la piété, ces débris d'édifices chrétiens accumulés au sommet et à la base de la montagne ; tous ces monuments du passé soulèvent, éveillent mille pensées, mille souvenirs, mille problèmes, où notre imagination se promène avec délices, et se perd, il est vrai, quelquefois, dans les régions mystérieuses de l'inconnu, mais pour se retrouver en Dieu.

Que dire du Ste-Odile des croyants ? Aujourd'hui encore, est-ce que le calvaire, la grande chapelle, la chapelle de la Croix, la chapelle des Anges, la chapelle des Larmes, la chapelle de sainte Odile, le tombeau de sainte Odile, n'ont pas leur éloquence pour les fidèles? Vingt fois la fureur des éléments et celle des révolutions humaines ont chassé les populations de ces hauteurs consacrées ; vingt fois les populations ont repris d'assaut la forteresse de la piété. Sur ces cîmes augustes se sont toujours rencontrés et le peuple qui comprend les grands hommes, et les grands hommes qui comprennent le peuple et respectent sa foi. Qui que vous soyez, qui visitez le saint monastère, ne fermez donc point votre âme aux sentiments qui émanent ici des plus humbles débris : ces sentiments ont jadis aidé les barbares à monter l'échelle de la civilisation ; ces sentiments doivent retenir une autre espèce de barbares : ceux qui la descendent. Vous ne dérogerez point, soyez tranquille, en parcourant avec une respectueuse attention toute cette contrée fameuse, où le curieux vient chercher des émotions, le poète des images, l'artiste des inspirations, le penseur des réflexions ; vous y rencontrerez, à côté du peuple et des doctes, les pas et les souvenirs d'un Richard-Cœur-de-Lion, d'un Frédéric Barberousse, d'un Charlemagne.

Cependant bien des indifférents *comme il faut* vivent étrangers au milieu de ces merveilles de leur pays ; ils ne montent pas si haut que Ste-Odile ; ils passent leurs jours à mesurer les taupinières de la plaine. Et là-haut, il monte aussi bien des ignorants qui ne savent pas distinguer un druide d'un prémontré et une Sibylle d'une abbesse ; et des sceptiques froidement spirituels qui du sein des ruines de leur propre raison ébréchée ne comprennent ni le langage de ces ruines pieuses, ni l'ardeur de ceux qui les relèvent ; et des libertins en goguettes traversant follement la vie comme la feuille emportée par l'orage dans la vallée. Un jour même des utilitaires attelés au joug de l'intérêt ont gravi la montagne. «Voilà, dit Barnabé, des tilleuls qui me «donneront aisément cinquante solives pour cons- «truire un hangar» ; et les tilleuls séculaires ont été abattus. «Voilà, dit Jacques, une pierre qui sou- «tiendra fort bien la porte de mon étable» ; et la pierre de l'autel a roulé dans la plaine. Et il s'est trouvé d'autres utilitaires pour applaudir à ces indignités. Et il ne manque pas de complaisants qui, à l'endroit de Ste-Odile, excusent, s'ils ne les louent pas, et l'indifférent et l'ignorant, et le sceptique et le libertin ; étrange ramas de gens légers qui ne comprennent pas qu'à l'heure où l'impiété outragerait de nouveau les sanctuaires, elle ne respecterait ni leurs biens, ni leur calme, ni leurs plaisirs ; imprudents vaniteux, protégés, sans s'en douter, par une petite phalange d'hommes de foi, de cœur et de savoir, qui ne défendent des pierres que pour sauver des doctrines, qui n'étudient l'antiquité qu'afin d'en tirer quelques gages de sécurité pour le présent ; qui veulent enfin une société et une sociabilité fondées, non sur le sol mouvant des intérêts égoïstes et des passions matérielles, mais sur le fondement inébranlable et l'union intime de la religion et de la morale, de la politique et de la science, des arts et des beaux-arts. Avis et honneur à qui de droit !   F. C.

Strasbourg, imprimerie HUDER, rue des Veaux, 4.

www.ingramcontent.com/pod-product-compliance
Lightning Source LLC
LaVergne TN
LVHW050222060726
842525LV00007B/2494